Promenades

5. 4. 3. | Die letzten Ziffern bezeichnen
2012 11 10 09 08 | Zahl und Jahr des Druckes.
Alle Drucke dieser Auflage können, da unverändert, nebeneinander benutzt werden.
1. Auflage

Lektorat: Micheline Funke, München
Umschlaggestaltung: Astrid Hansen, Hueber Verlag, Ismaning
Zeichnungen: Hans van Arkel, Badefols d'Ans, Frankreich
Layout und Herstellung: Astrid Hansen, Hueber Verlag, Ismaning
Druck und Bindung: Ludwig Auer GmbH, Donauwörth
Printed in Germany
ISBN 978-3-19-003276-1

Promenades

Volker Borbein • Marie-Claire Lohéac-Wieders

Hueber Verlag

Volker Borbein studierte Romanistik und Politische Wissenschaften in Marburg, Berlin und Tours, wo er ein Jahr als *Assistant de langues étrangères* am Lycée Descartes tätig war. Seit 1972 ist er Fachbereichsleiter für Sprachen an der Gesamt-Volkshochschule der Stadt Kassel. Sein Interesse für Landeskunde wird in seinen Veröffentlichungen sichtbar.

Marie-Claire Lohéac-Wieders studierte Romanistik und Germanistik in Paris an der Sorbonne und in Saarbrücken. Sie unterrichtete an Gymnasien, an mehreren VHS sowie in der Industrie Französisch und Deutsch als Fremdsprache. Seit Jahren schreibt sie französische Texte und unterrichtet derzeit (begeistert) Französisch an der VHS Kassel.

1 C'est la vie

Une journée pas comme les autres

« 12 juin 94. Il est sept heures. Je me réveille comme tous les matins sauf le samedi et le dimanche. Je vais dans la salle de bains, je me douche et quelques minutes plus tard, je m'habille. À 7h30, je prends mon petit déjeuner : un bol de café noir avec deux morceaux de sucre, une tartine de pain grillé avec du beurre et de la confiture. À 7h45, je quitte la maison pour aller au bureau. Comme ma voiture est en panne, je prends le bus. Il passe Place de la République et s'arrête Place Victor Hugo. Et là, un jeune homme descend juste au moment où les portes automatiques se referment. Le garçon reste coincé[1]. Le chauffeur ne voit rien ; le bus redémarre[2]. Alors, je crie : « La porte ! Arrêtez ! » Heureusement le chauffeur entend mes cris. Le bus s'arrête de nouveau et le garçon descend. Il se retourne, nos regards se croisent[3]. Il me sourit. Moi aussi, je descends. Ce n'est pas ma station, mais quelque chose en moi me dit : aujourd'hui ta vie va changer. Ça m'est égal d'arriver trop tard au bureau. Il m'invite à prendre un café. J'accepte. Il s'appelle Laurent. D'habitude, il ne prend jamais le bus. »

15 janvier 98. Voilà, cela fait quatre ans déjà. Victor vient d'avoir 3 ans. Sa petite sœur arrive dans sept semaines. Vous comprenez, je ne peux pas oublier cette date.

---

[1] **coincé** : eingeklemmt. [2] **redémarre** : fährt wieder los.
[3] **se croisent** : begegnen sich.

Bonjour Mademoiselle

Christophe a cinq ans. Son père est français, sa mère vient d'Allemagne. Christophe a deux frères : Laurent, huit ans et Emmanuel, quatre ans. Tous les trois, aiment rendre visite à leurs grands-parents allemands. Ils aiment venir à Kassel, faire de longues promenades dans le parc de Wilhelmshöhe, le plus grand parc en pente[1] d'Europe. C'est si agréable d'avoir des grands-parents et si utile, surtout pour les anniversaires et pour Noël. Et quel plaisir pour les grands-parents d'avoir des petits enfants si gentils.

Pendant les vacances scolaires, un des trois garçons vient toujours en Allemagne. Actuellement, c'est Christophe. On le connaît bien dans le quartier. Avec ses longs cheveux

---

[1] **parc *m* en pente** : Bergpark.

blonds, il a presque l'air d'une petite fille. Son accent français, quand il parle allemand, est charmant.

Un jour, il va à la boucherie avec sa grand-mère. Ils entrent. La bouchère lui sourit et dit en français : « Bonjour, Mademoiselle ». Christophe ne répond pas. Il n'aime pas le « Mademoiselle » de la bouchère. Cela se voit. Sa grand-mère achète les côtelettes pour le déjeuner et paie. Avant de sortir du magasin, Christophe se retourne, adresse son plus beau sourire à la bouchère et dit : « Au revoir, Monsieur. »

Merci Tonton

Regardez Laurent, il est tout énervé. Il a chaud, il est rouge. Vous savez pourquoi ? Aujourd'hui, c'est un grand jour : c'est son anniversaire. C'est pour cela qu'il ouvre de grands yeux[1]. Ils sont tous là. Toute la famille, même l'oncle d'Allemagne, son préféré. Il apporte toujours quelque chose de super, une surprise.

Laurent va encore à l'école maternelle[2], mais bientôt il va aller à « la grande école ». « La grande école » les parents appellent ça « l'école primaire », un mot compliqué pour dire que c'est pour les « grands » enfants.

6 ans ! Ça fait beaucoup. Il faut déjà deux mains[3] pour calculer. Il sait déjà compter[4]

---

[1] **yeux** *m, pl*: Augen. [2] **école** *f* **maternelle** : Kindergarten, Vorschule. [3] **mains** *f, pl*: Hände. [4] **compter** : zählen.

jusqu'à 10. Il est bon en maths. Il veut être prof, comme Tonton Volker mais prof de maths, bien sûr.

Il regarde tous les cadeaux[1] et ouvre d'abord le petit paquet d'Allemagne : une montre[2], une vraie montre comme pour les grands. Elle est superbe, on peut même la mettre sous l'eau. Laurent est heureux, son rêve. Enthousiasmé, il embrasse son oncle, « merci Tonton ».

– Dis-moi Laurent, quelle heure est-il ? Laurent est déconcerté[3] : « Il est euh... hum... Alors... il est... euh... ». Il regarde son oncle, puis sa montre et encore son oncle et sa montre. – « Il est... Mais Tonton ce n'est pas la bonne heure ! »

---

[1] **cadeaux** ***m, pl*** : Geschenke. [2] **montre** ***f*** : Armbanduhr.
[3] **déconcerté** : verwirrt.

Attention aux éléphants

– Ça y est, chérie, demain nous allons chercher la nouvelle voiture.

– Chic ! On fait une petite excursion après ? Je voudrais bien visiter Thoiry.

– Pourquoi pas. C'est une bonne idée.

Le lendemain, nous partons de bonne heure. Nous prenons la voiture et nous voilà sur la route de Thoiry. C'est un tout petit village dans l'arrondissement de Rambouillet, très connu pour son château et son parc zoologique. Il y a des girafes, des zèbres, des antilopes en liberté...

À l'entrée du parc, on peut lire : « Prière de laisser les portes fermées. Prière de rentrer les antennes avant d'entrer dans le parc.

Il est strictement défendu de donner à manger aux animaux. Il est strictement défendu de descendre de voiture. »

Nous entrons dans le parc. Nous nous arrêtons pour mieux voir les animaux. Il fait chaud, très chaud. Nous ouvrons une fenêtre.

– Regarde, là, à gauche, tu vois les antilopes? Pendant que je fais découvrir ce spectacle à ma femme, un éléphant s'approche et met sa trompe[1] à l'intérieur de notre voiture, je suis pris de panique.

– La vitre[2], vite, vite, ferme-la.

– Je n'y arrive pas, elle est bloquée.

Évidemment, la trompe d'un éléphant et une vitre ça ne va pas. Enfin ma femme ferme la vitre. L'éléphant n'est pas content du tout. Avec sa trompe, il tape sur le toit de la voiture, une fois, deux fois puis il part, lentement, majestueusement.

Nous quittons très vite le parc. Nous nous arrêtons, descendons de voiture. La trompe d'un éléphant sur le toit d'une voiture, ça se voit : une bosse[3] énorme...

---

[1] **trompe** *f*: der Rüssel. [2] **vitre** *f*: Autofenster.
[3] **bosse** *f*: Beule.

Nous allons au café. Nous prenons deux cognacs pour nous calmer, puis un troisième. Ensuite, nous reprenons la route. Nous avons encore eu de la chance.

– Attention, ralentis[1], je crois qu'il y a des contrôles radar. C'est vrai. À quatre cents mètres, un agent de police arrête les voitures.

– Monsieur, vos papiers, s.v.p.

– Voilà, Monsieur. Il les regarde.

– Merci. Il me rend mes papiers.

Je suis soulagé. On ne sait jamais. Je dis :

– Vous savez, aujourd'hui, c'est notre première sortie avec notre nouvelle voiture.

– Elle est belle. Elle fait du combien ? Elle... En parlant, il regarde la voiture. Quand il voit la grosse bosse sur le toit, il ne dit plus rien pendant quelques secondes, puis il demande : qu'est-ce qui vous est arrivé ?

---

[1] **ralentis :** fahr langsamer.

Alors je raconte l'histoire, toute l'histoire. Je parle, il me regarde d'un air sceptique. Il ne me croit pas. Cela se voit.

– Monsieur, descendez s.v.p. On vous fait passer l'Alcootest.

Six mois plus tard, on m'a rendu mon permis de conduire.

Valentin est jaloux[1]

Je suis presque prête[2]. Je me suis douchée, habillée, maquillée, parfumée. Il n'aime pas mon nouveau parfum : « Atchoum ! » c'est son seul commentaire. Je mets mon manteau, je dis au revoir à Valentin, une petite bise sur le nez et je... Il est là, près de la porte, il me regarde. Bien sûr, il ne me dit rien mais je sais ce qu'il pense. Je lis dans ces superbes yeux noisette[3] qu'il n'est pas content. Il n'aime pas que je sorte seule sans lui : c'est de la jalousie... Ça fait trois ans que nous sommes ensemble et ça fait trois ans que je n'ai plus de liberté. Il m'aime trop.

Il est assis la tête haute[4] et il soupire[5] discrètement mais assez fort[6] pour que je

---

[1] **jaloux** : eifersüchtig. [2] **prête** : fertig. [3] **noisette** : haselnussbraun. [4] **la tête haute** : mit hoch erhobenem Kopf. [5] **soupire** : seufzt. [6] **assez fort** : laut genug.

l'entende. Mais bien sûr, il ne me dit rien. Je viens de lui expliquer : « Valentin, je veux être seule, je veux faire des courses[1] pour Noël et tu n'aimes pas la ville, pas les boutiques. Dans les magasins, tu t'ennuies[2] et tu as toujours trop chaud ». Bien sûr, il ne me dit rien.

[1] **faire des courses :** einkaufen gehen.
[2] **t'ennuies :** langweilst dich.

À « C&A » ou au « Printemps », il s'assied[1] partout où il peut, juste pour me montrer que ça ne l'intéresse pas. Mais bien sûr, il ne me dit rien. Lui, il veut aller faire un tour dans la campagne ou dans la forêt[2]. Il aime voir les animaux de la forêt, surtout les biches[3]. Quand il pleut, il fait un vrai cirque[4], parce que je ne veux pas faire de grandes promenades[5]. Moi, je n'aime pas la pluie.

Bon, je pars : « Au revoir Valentin ». Il me regarde et va se coucher dans sa corbeille[6], pauvre chien[7] !

---

[1] **s'assied** : setzt sich hin. [2] **forêt** *f*: Wald.
[3] **biches** *f, pl*: Rehe. [4] **il fait un vrai cirque** : er macht ein Theater. [5] **de grandes promenades** : lange Spaziergänge. [6] **corbeille** *f*: Körbchen. [7] **pauvre chien** *m*: armer Hund.

2 Courrier des lecteurs

Chère Sophie,

Je vous écris pour avoir un conseil[1]. Voilà, j'ai 54 ans et je suis mariée. Je travaille à mi-temps[2] et mon mari est prof dans un lycée technique. J'ai deux enfants, une fille de vingt ans qui fait des études de marketing et qui habite dans un studio près de son école. Mon fils de 26 ans est ingénieur en agro-alimentaire[3] et il est sans emploi stable[4] jusqu'à maintenant, mais avec des petits boulots, comme garçon de café, vendeur

---

[1] **conseil** ***m***: Ratschlag. [2] **à mi-temps**: halbtags.
[3] **ingénieur en agro-alimentaire**: Diplomlandwirt.
[4] **emploi** ***m*** **stable**: feste Arbeit.

d'ordinateurs.... Il vient de trouver un travail dans sa profession pour quelques mois et il a la chance de voir son contrat[1] se transformer en contrat à durée indéterminée. Jusque-là tout va bien – ou presque – car mon fils habite toujours chez nous et ne veut pas habiter seul. Nous sommes prêts à l'aider financièrement, mais il aime trop son petit confort. Moi, je n'en peux plus[2]. Je lui prépare tout :

[1] **contrat** ***m*** : Vertrag. **2 je n'en peux plus** : ich kann nicht mehr.

le petit déjeuner, le déjeuner et le repas du soir. Il y a toujours quelque chose pour lui dans le frigo[1]. Je lave son linge et le repasse[2]. Je fais le ménage[3] dans sa chambre. Bien sûr, il ne paie pas de pension et quand il peut, il m'aide, c'est un gentil garçon.

Mais mon mari et moi, nous ne sommes jamais seuls, jamais tranquilles, jamais libres. Mon fils a souvent de la visite et sa petite amie – une jeune fille charmante – reste même dormir chez nous le week-end.

J'aimerais être libre, je voudrais vivre ma vie en tant que[4] femme et plus en tant que mère. Suis-je égoïste ? Suis-je une mauvaise mère ? J'aime beaucoup mon fils et je ne veux pas me disputer avec lui. J'étouffe[5], conseillez-moi. Merci.

Mélanie

---

[1] **frigo** *m* : Kühlschrank. [2] **Je lave son linge et le repasse.** : Ich wasche und bügle seine Wäsche.
[3] **fais le ménage** : putze. [4] **en tant que** : als.
[5] **étouffe** : ersticke.

Chère Mélanie,

Je vous comprends. Vous n'êtes pas toute seule dans cette situation. Beaucoup de parents ont le même problème. C'est un phénomène européen. Les jeunes préfèrent leur confort à leur indépendance. Dans toute l'Europe, les jeunes restent longtemps chez leurs parents. Ce phénomène s'explique par le chômage[1]. Chez leurs parents, ils ont la sécurité[2], le confort affectif et matériel. Ils ont peur[3] du futur et sont pessimistes, la famille leur offre un refuge[4]. En moyenne, les jeunes Européens vivent jusqu'à 25–27 ans à la maison. C'est normal pour la nouvelle génération.

---

[1] **chômage** ***m***: Arbeitslosigkeit. [2] **sécurité** ***f***: Sicherheit. [3] **ont peur**: haben Angst. [4] **offre un refuge**: bietet Schutz.

Mon conseil. Parlez sérieusement, gentiment mais fermement[1] à votre fils : « Ton père et moi, nous t'aimons beaucoup et sommes contents que tu te sentes bien avec nous, mais nous pensons que c'est mieux pour nous tous que tu te cherches un petit appartement. Tu dois apprendre à organiser ta vie seul et à t'occuper de toi. Tu peux venir nous voir quand tu veux. Tu peux compter sur notre aide[2] matérielle et financière et sur notre affection. Il faut devenir adulte et respecter notre vie de couple ».

Chère Mélanie, bon courage. Je souhaite beaucoup de bonheur à votre couple !

Sophie

---

[1] **fermement :** bestimmt. [2] **tu peux compter sur notre aide :** du kannst auf unsere Hilfe zählen.

Coluche et les restos du cœur

« Aujourd'hui, on n'a pas le droit
d'avoir faim ni d'avoir froid[1] [...]
On ne te promet pas le grand soir
Mais juste à manger et à boire [...]
Dans les restos du cœur. [...]
Quand je pense à moi,
Je pense à toi. »

Vous connaissez cette chanson ? Elle est superbe et bien triste mais vraie et réaliste. C'est la chanson des « restaurants du cœur » écrite par Jean-Jacques Goldman[2].

Cette idée des « restaurants du cœur » est née à la radio Europe 1, en septembre 1985. Coluche, le père de cette idée, (Michel

---

[1] **avoir froid** : frieren. [2] **Jean-Jacques Goldman** : auteur, compositeur de chansons.

Colucci né le 28 octobre 1944) est le comique préféré des Français dans les années 70–80 et même après sa mort accidentelle le 19 juin 1986.

L'idée géniale est de distribuer des repas chauds (éventuellement un paquet froid à emporter[1]) et d'accorder un peu de chaleur humaine[2] aux personnes qui n'ont rien, Français ou étrangers, celles qui ont un domicile fixe ou celles qui n'en ont pas : les SDF[3]. Seule la misère[4] physique ou / et morale comptent. Le pauvre des « restos du cœur », en 1998, a moins[5] de 1 750 F par mois pour vivre. Tous ceux qui travaillent pour les « restos du cœur » sont bénévoles[6], ils sont à peu près 31 000 chaque année. L'hiver 96–97, les « restaurants du cœur » ont distribué 61 millions de repas aux pauvres.

---

[1] **à emporter** : zum Mitnehmen. [2] **chaleur *f* humaine** : menschliche Wärme. [3] **les SDF** : Menschen ohne festen Wohnsitz. [4] **misère *f***: Elend. [5] **moins de** : weniger als. [6] **bénévoles** : ehrenamtlich.

Des artistes, très connus dans tous les domaines, participent tous les ans à un concert organisé pour récolter des fonds[1] pour acheter de la nourriture[2] ; c'est le concert des « Enfoirés », « Enfoirés » signifie « Arschloch», Coluche aime choquer dans ses sketches et dans la vie.

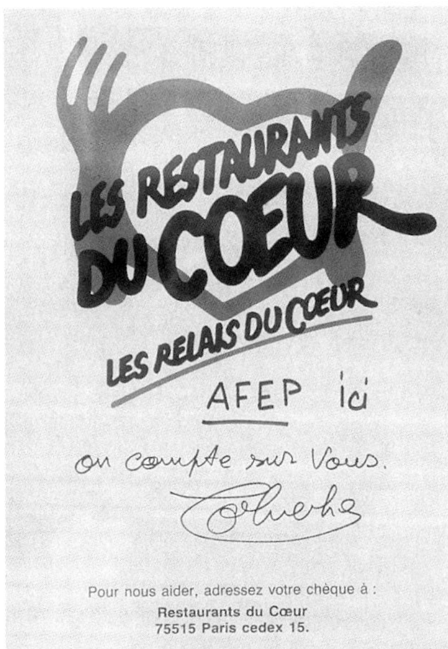

[1] **fonds** : Gelder. [2] **la nourriture** : Nahrungsmittel.

Coluche aime la provocation et la dérision[1] ! En 1981, il veut même être président de la République ! Sa définition des pauvres, une autre provocation : « Ce sont des cons[2]. Les pauvres sont indispensables à la société, à condition qu'ils le restent ».

Comme la misère est présente partout : il y a des associations « du cœur » pour le logement[3], pour le travail etc. Toutes ces associations ont malheureusement un très grand succès, le succès de la pauvreté dans un des pays les plus riches du monde. Les « restos du cœur » sont le dernier succès de Coluche, sa dernière provocation au capitalisme.

---

1 **la dérision :** Hohn, Spott. 2 **Ce sont des cons. :** Das sind Idioten. 3 **logement :** Unterkunft.

3 A l'aventure des mots

Des fleurs au flirt

Quel est pour vous le plus joli mot de la langue française ? Le nom d'une fleur par exemple? Voici un petit bouquet.

– Le bégonia, appelé d'après Michel Bégon (XVIIIe[1]) intendant de Saint-Domingue.

– Comte Louis Antoine de Bougainville (1729 – 1811), navigateur français, il rapporte de ses voyages les bougainvillées ou bougainvilliers.

– Leonhard Fuchs (1501 – 1566), botaniste bavarois auquel le botaniste français Plumier dédie[2] la plante qu'il nomme fuchsia.

---

[1] e : ième, *hier* dix-huitième. [2] **dédie** : widmet.

– Dahl (XVIIIe), botaniste suédois. En 1789, il rapporte du Mexique le dahlia.

– Hortense, femme du célèbre horloger[1] Lepaute (XVIIIe), c'est à elle que le botaniste anglais Commerson dédie l'hortensia.

– Pierre Magnol (1638 – 1715), médecin et botaniste français. Linné l'honore[2] et donne son nom à un arbre d'Amérique : le magnolia.

Vous vous demandez certainement : quel est le rapport entre fleur(s) et flirt ? Eh bien, c'est simple. Prononcez les deux mots à haute voix.

---

[1] **horloger** : Uhrmacher. [2] **honore** : ehrt.

Qui suis-je ?

Je suis une dame de fer.
J'ai un père mais pas de mère.
Je suis née entre 1887 et 1889,
Non loin du Pont-Neuf.
Je suis fille unique[1] et adorée,
Des ingénieurs m'ont élevée[2].
J'ai la tête dans les nuages
Et les pieds au bord de l'eau.
Je regarde le beau paysage,
Les touristes montent sur mon dos.
Je n'ai pas de mains,
Ça ne fait rien
Car j'ai quatre pieds :
Je suis bien équilibrée.
Je suis très imposante
Pourtant si élégante !

---

[1] **fille unique :** einzige Tochter. [2] **élevée :** errichtet.

Le jour, je suis entourée d'amis
Mais je dors seule la nuit.
Venez me voir vous aussi,
J'habite au centre de Paris.

Qui est-ce ?

Il est vieux et il marche lentement. Il s'arrête à chaque maison. Tout le monde le connaît mais personne ne l'a jamais vu. Nous lui écrivons et il nous rend visite. Il ne vient pas souvent mais régulièrement et à la même époque.

Il est fidèle[1] et fiable[2]. Il vit seul et personne ne va jamais le voir, c'est toujours lui qui vient. Il est serviable[3] et apporte ce qu'on lui a demandé, mais il faut de la patience[4] car on l'attend longtemps...

Vous ne savez pas qui c'est ? C'est parce que vous ne rêvez plus. Demandez à vos enfants, c'est sûrement leur ami préféré !

---

[1] **fidèle** : treu. [2] **fiable** : zuverlässig. [3] **serviable** : hilfsbereit. [4] **patience** *f*: Geduld.

Me connaissez-vous ?

Vous avez entre 16 et 100 ans ? Alors vous me connaissez et vous m'aimez. Je suis votre ami et j'accompagne les moments les plus importants de votre vie. Je suis chez vous chaque fois que vous vous trouvez en famille pour fêter un mariage, une naissance, un anniversaire, une communion, Noël, le Nouvel An. Les rencontres avec moi sont toujours agréables.

Les étrangers, eux aussi, m'aiment beaucoup. Je suis un symbole de la France et un plaisir pour la langue française.

En France, on me connaît depuis longtemps. Ma vraie carrière a commencé au XVIIIe siècle. Un moine bénédictin a beaucoup fait pour moi – et pour lui – parce que grâce à moi son nom, Don Pérignon (1630-1715), est encore bien vivant.

Regardez la carte. C'est là que je me trouve chez moi. Vous savez maintenant qui je suis ? Alors parlez de vos rencontres avec moi.

Souvenirs d'enfance[1]

« Ma mère-grand, que vous avez de grands bras[2] !
– C'est pour mieux t'embrasser[3], ma fille.
– Ma mère-grand, que vous avez de grandes jambes[4].
– C'est pour mieux courir[5], mon enfant.
– Ma mère-grand, que vous avez de grandes oreilles[6] !
– C'est pour mieux écouter, mon enfant.
– Ma mère-grand, que vous avez de grands yeux[7] !
– C'est pour mieux voir, mon enfant.
– Ma mère-grand, que vous avez de grandes dents[8] !
– C'est pour te manger. »

---

[1] **souvenirs** *m, pl* **d'enfance:** Kindheitserinnerungen.
[2] **bras** *m, pl*: Arme. [3] **embrasser:** umarmen.
[4] **jambes** *f, pl*: Beine. [5] **courir:** rennen. [6] **oreilles** *f, pl*: Ohren. [7] **yeux** *m, pl*: Augen. [8] **dents** *f, pl*: Zähne.

Vous vous souvenez de l'histoire, n'est-ce pas ? Et vous en connaissez certainement la fin. Vraiment ? Attention : bien avant Jakob Grimm (1785 – 1863) et Wilhelm (1785 – 1859), Charles Perrault (1628 – 1703) écrit ce que son fils Pierre lui raconte, par exemple « Barbe bleue », « Le chat botté », « Cendrillon », « Le petit Poucet », « La belle au bois dormant » et d'autres contes de fées encore.

Beaucoup plus tard, Dorothea Viehmann (1755 – 1821) raconte les mêmes contes aux frères Grimm. D. Viehmann a d'abord vécu en France puis elle est venue en Allemagne, plus exactement à Kassel où elle a rencontré les frères Grimm.

Chez Charles Perrault, malheureusement, ça ne finit pas bien. Le loup mange la grand-mère et le petit chaperon rouge et l'histoire est terminée.

À votre avis quel âge a le Petit Chaperon Rouge ?

Table des matières

Plaisir de lire
et de dire

1 C'est la vie

Attention aux éléphants

A Cochez les réponses exactes

1 Cette histoire se passe
- a) en Afrique. ☐
- b) dans le Sud de la France. ☐
- c) près de Rambouillet. ☐

2 L' éléphant tape sur la voiture avec sa trompe. Pourquoi ?
- a) Il a faim. ☐
- b) Il n'est pas content. ☐
- c) Il veut traverser la rue. ☐

3 L'auteur va au café. Pourquoi ?
- a) Il a très soif. ☐
- b) Il est fatigué. ☐
- c) Il veut se calmer. ☐

4 L'auteur pert son permis de conduire. Pourquoi ?
- a) Il a eu un accident. ☐
- b) Il a roulé trop vite. ☐
- c) Il a trop bu. ☐

B Retrouvez dans le texte un autre mot ou une autre expression pour :

a) un zoo ____________________

b) une fenêtre de voiture ____________________

c) le nez de l'éléphant ____________________

d) une promenade, une visite, un voyage ____________________

C Jeu de l'intrus : cochez le mot qui ne fait pas partie de la famille

a) antilope | chien | éléphant | girafe | poisson | zèbre

b) Marseille | Paris | Rambouillet | Thoiry | Seine

c) chambre | fenêtre | maison | permis de conduire | porte | toit

d) je | ma | notre | son | ton

e) arrêter | contrôle | entrer | lire | prendre | rentrer

f) arrondissement | automne | été | hiver | printemps

g) antenne | moteur | radar | voiture | zoo

D Changez une lettre, vous avez un autre mot

☐	a	i	s
☐	a	i	s
☐	a	i	s
☐	a	i	s

a) Ne ________________ pas de bruit !

b) Il comprend le français, ________________ il ne le parle pas.

c) Je ne ________________ pas comment tu t'appelles.

d) Je ________________ en France cet été.

E Les mots cachés : 9 animaux sont cachés dans la grille. Cherchez de gauche à droite, de droite à gauche, de haut en bas et de bas en haut.

E	L	E	P	H	A	N	T
G	I	R	A	F	E	E	I
N	O	B	N	U	B	I	G
I	N	E	E	R	N	H	R
S	L	Z	T	A	H	C	E

Valentin est jaloux

A Cochez les réponses exactes

1 L'histoire se passe quand ?
   a) À Noël. ☐
   b) En été. ☐
   c) Le 14 février. ☐

2 Qu'est-ce que Valentin aime faire ?
   a) Attendre dans les boutiques. ☐
   b) Faire des promenades en forêt. ☐
   c) Faire les courses. ☐

3 Pourquoi la narratrice *(Erzählerin)* ne sort-elle pas avec Valentin ?
   a) Parce qu'il achète trop de cadeaux. ☐
   b) Parce qu'il a trop chaud dans les magasins. ☐
   c) Parce qu'il s'ennuie dans les boutiques. ☐

4 Qui est Valentin ?
   a) Le mari de la narratrice. ☐
   b) Son chien. ☐
   c) Son enfant. ☐

B Clopin et Clopan. Choisissez dans la liste suivante la bonne préposition. Vous pouvez utiliser une préposition plusieurs fois.

à ❶ à côté de ❶ avec ❶ dans ❶ en ❶ sur

a) Clopin et Clopan sont des frères. Ils habitent ________ Bretagne, ________ Quimper.

b) Ils sont nés ________ 1960, ________ Clisson, ________ Nantes.

c) Clopin part ________ vacances, d'abord il va ________ Provence, puis ________ son chat, Amédée.

d) Il repart ________ juillet.

e) Il veut se promener ________ les Champs-Élysées et ________ tous les musées.

f) Il voyage ________ train, c'est plus malin.

g) Clopan part ________ vélo, c'est plus rigolo.

h) Il va ________ les Pyrénées pour faire des randonnées.

C Complétez le texte au présent avec le bon verbe

regarder ❶ faire ❶ savoir ❶ avoir
écouter ❶ regarder ❶ faire ❶ dire

a) Jean ______________ son chat.

b) Qu'est-ce que tu ______________ ce soir?

c) Je ne ______________ pas encore.

d) Tu ______________ une idée?

e) Oui, peut-être, ______________ , ce soir il y a un bon film à la télé. On le ______________ ensemble?

f) Pourquoi pas, si cela te ______________ plaisir, je ne ______________ pas non.

g) Jean s'est réveillé.

D Ces mots se prononcent-ils de la même façon ? Cochez la bonne réponse.

			OUI	NON
a)	nom	non	☐	☐
b)	leur	l'heure	☐	☐
c)	content	contente	☐	☐
d)	seul	seule	☐	☐
e)	prêt	prête	☐	☐
f)	il aime	ils aiment	☐	☐
g)	amis	amies	☐	☐
h)	animal	animaux	☐	☐
i)	jaloux	jalouse	☐	☐
j)	campagne	champagne	☐	☐

2 Courrier des lecteurs

Chère Sophie

A Complétez avec les mots suivants :

conseil ● fille ● fils ● habite ● libre ● seule
problèmes ● magazine ● Sophie ● studio

a) Mélanie écrit à ____________ pour avoir
un ____________ .

b) Sophie travaille pour un ____________ .

c) Son problème, c'est son ____________ .

d) Il ____________ encore chez ses parents.

e) Alors, elle n'est pas ____________ avec son mari.

f) Elle ne se sent jamais ____________ .

g) Sa ____________ fait des études et habite
dans un ____________ .

h) Avec elle, elle n'a pas de ____________ .

B Les deux font la paire. Complétez d'après le modèle :

le mari ········› la femme

a) le fils — la ______

b) le ______ — la mère

c) le ______ — la cousine

d) le frère — la ______

e) le grand-père — la ______

f) l'oncle — la ______

Histoire drôle

Un petit chien rentre de l'école et raconte à sa maman :

– Aujourd'hui je viens d'apprendre un mot d'une langue étrangère !
– Ah oui ?
– Miaou !

C Trouvez les noms de métiers qui correspondent aux définitions

a) C'est le médecin de la femme.

____

b) Il ou elle fait les plans de votre maison.

____

c) C'est un ou une journaliste, il ou elle fait des reportages.

____

d) Il ou elle conduit un bus, une voiture.

____

e) Il travaille dans une usine.

____

f) Il ou elle s'occupe des papiers officiels (quand on achète une maison par exemple).

____

C Trouvez les noms...

g) Il ou elle est le médecin des dents.

____

h) Il ou elle étudie dans une école.

____

i) Elle chante.

____

j) Il fait du cinéma ou du théâtre.

____

k) Il marche et se couche sur des pointes. *(Er läuft auf Nägeln und legt sich drauf.)*

____

l) Il s'occupe de la lumière et de l'électricité.

____

3 A l'aventure des mots

Me connaissez-vous ?

A Devinettes : qu'est-ce qu'on peut boire dans ce verre ?

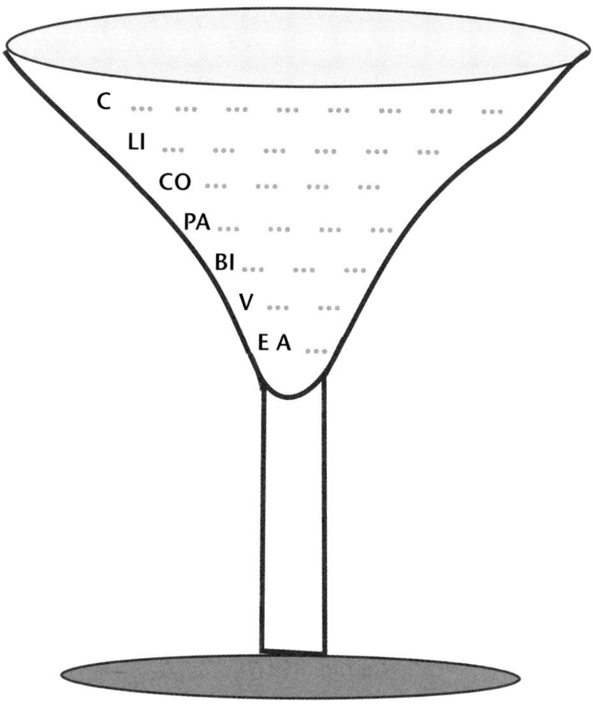

Solutions

1 C'est la vie : Attention aux éléphants

A 1 c), 2 b), 3 c), 4 c)

B a) un parc zoologique, b) une vitre, c) une trompe, d) une excursion

C a) poisson, b) Seine, c) permis de conduire, d) je, e) contrôle, f) arrondissement, g) zoo

D a) fais, b) mais, c) sais, d) vais

E éléphant, girafe, chat, singe, lion, âne, chien, tigre, zèbre

Valentin est jaloux

A 1 a), 2 b), 3 b et c), 4 b)

B a) en, à, b) en, à, à côté de, c) en, en, avec, d) en, e) sur, dans, f) en, g) à, h) dans

C a) regarde, b) fais, c) sais, d) as, e) écoute, regarde, f) fait, dis

D a) oui, b) oui, c) non, d) oui, e) non, f) non, g) oui, h) non, i) non, j) non

2 Courrier des lecteurs

Chère Sophie

A a) Sophie, conseil, b) magazine, c) fils, d) habite, e) seule, f) libre, g) fille, studio, h) problèmes

B a) la fille, b) le père, c) le cousin, d) la sœur, e) la grand-mère, f) la tante

C a) gynécologue, b) architecte, c) reporter, d) chauffeur, e) ouvrier, f) notaire, g) dentiste, h) élève, i) chanteuse, j) acteur, k) fakir, l) électricien

3 A l'aventure des mots

A champagne, limonade, cognac, pastis, bière, vin, eau

page 33: Qui suis-je ?
Réponse: la tour Eiffel

page 35: Qui est-ce ?
Réponse: le père Noël

page 37: Me connaissez-vous ?
Réponse: le champagne